Peter-J. Schul

Skizzen aus Hansens Haus

25.2. – 14.11.81

DuMont

wo sind die Vögel ?

Ach, da sind sie ja.

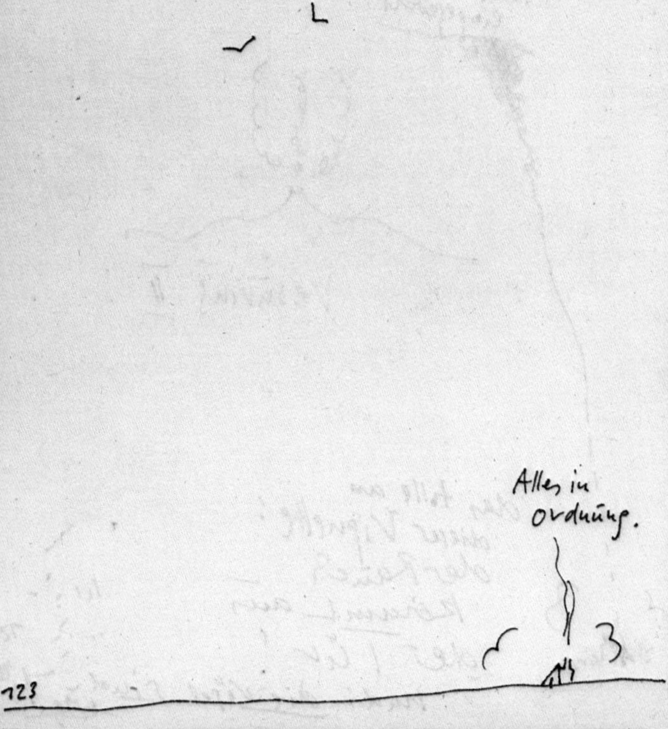

2. Nov 81

Wie ein Lauffeuer hatte sich die Nachricht am Strand verbreitet, daß es heute und auch an den kommenden Abenden keinen Sonnenuntergang geben würde; denn Georg – der berühmte Autor – war gekommen, um sich – eben hier – in seinem Ruhme zu sonnen.
Wenigstens eine Woche.

561

[redacted]

29. Okt 81

Berühren ist alles.

Ich berühre,
ich rühre,
ich be,
ich B,
i. B.,
i. A.,
ich Auftrag,
ich im Auftrag,
ich im Auftrag von,
ich im Auftrag für
wen?
mich?
Dich? was weiß ich?!
~~Was weiß ich?~~

Ich weiß nicht mehr. –
Ich berühre nur sehr.

[redacted]

Das was ich weiß. –
Nicht mehr.

[redacted]

ich berühre. [redacted]
sehr.

Brumm!
Brumm!
Hummel summ!
Klapper!
357

ich bin ein alter Schuh ...
und finde keine Ruh

Ich bin ein
Einzelwesen
unter den
Straßenbesen

[redacted] 23.4.

„An meiner Gewöhnlichkeit werdet ihr Euch noch die Zähne ausbeißen", sprach der …

… der …

ist egal, wer.

ich bin ein Vogel ...

... der die Luft liebt

Und den Baum braucht :

~~Schiffsraum~~ [illegible]

19. ~~[illegible]~~ mai

~~[illegible]~~

~~[illegible]~~

Hansen ~~[illegible]~~ ist eine Figur ohne Nerven.
Und ich bin ein Puppenspieler auf der
Flucht in die Sonne.

Ich mal wieder habe keine Lust zu denken!
nur daß eine Katze [redacted] kommt
im Radio Schlager laufen,
der Wein reicht [redacted]
und der nächste Morgen
Vögel [redacted] hat,
oder [redacted] Katze
[redacted] ~~irgendwann einmal~~
wiederkommt,
vielleicht wieder Schlager
laufen,
[redacted] ~~vielleicht~~ irgendwo
ein Feuerwerk ist
und ein Hafen voller Schiffe
und ein Bahnhof [redacted]
ohne Strom.
[redacted]

Und immer soll er noch Stroh riechen! [redacted]
statt der Schlager könnte auch eine Lerche singen!

c11

Frühling (Wurm)
Sommer (Katze)
Herbst + (Schwein)
Winter (Storch)
} Postkarten?

Schnecke?

Schämschweine

im Herbst fallen
die Blätter
so

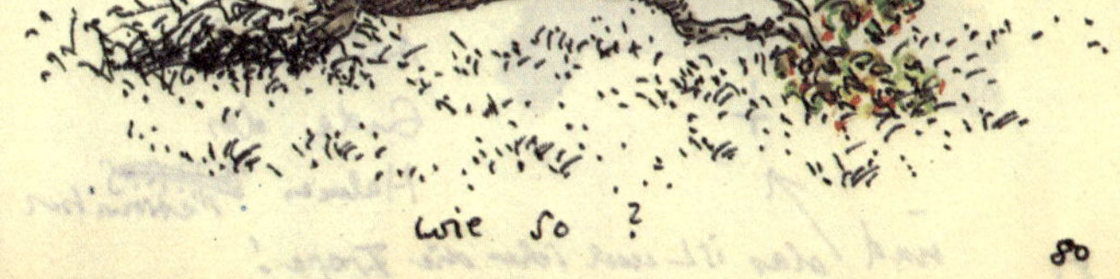

wie so ?

20. Juni 81
"Kann ich das Bein
jetzt wieder
runternehmen?
Nein! Bitte nicht!
mich da nicht so hin!
510

Du bist wirklich ein blindes Huhn!
wieso?!?
Weil ich 1) nicht der Hahn bin und weil du mir 2) die Nase leckst!
Und wer sagt dir, du dummes Schwein, daß ich nicht gerade das und nur das will?!?

31. mai

5. August

„Ich bin ein Märchenerzähler," sagte der Prinz zu der Prinzessin. „Das reicht nicht," antwortete die Prinzessin.

Der Zeppel
und die Zeppelin,
die wußten nicht
vor Glück,
wohin.

nicht!

Es war einmal ein Frosch, –
der stand auf Libellen
und saß auf Diät – …

… und ein Storch,
der stand auf Fröschen
und merkte zu spät,
daß ein ~~Frosch~~ Frosch auf ihm ~~stand~~ saß,
der ~~auf~~ gern Libellen fraß.

Storch Fock

Günter im Gras

„Das wird meine schönste Wiese", sagte der Maulwurf, „gleich morgen fange ich an."

Wo ist die Ente?

Da ist die Ente.

~~Extra~~ ~~nur~~ für ANNA.
Ganz allein

~~[illegible]~~:

Der Bademeister

Hoffentlich kommt keiner.

Schornstein verläßt
traurigen Haus

Nikolaus entläßt Schornstein

Tischbein verliert Stellung

Öl (beide auf einem Tableau?)
(Türen!)

21. Juli
es regnet immer noch
349

[redacted] 30. Juni

nebelbild

morgen
[redacted] vielleicht
[redacted] einmal
[redacted] wieder

„Man kann halt immer noch glücklicher sein,
als man denkt."
„Echt, du."

12. 8.
wie es kommt, daß die Schlange sich schlängelt.
Schlange!
Schlange!
Schlange!
Schlange!
Schlange!
Schlange!
Schlange!
422

29. Sept

Wenn Piet stirbt,
kommt kein Schwein.

Fritz wird in einen
Teich geschmissen, wenn er
hier ist, wegen der
Fröschkes.

Wenn das die Ilse sieht,
daß Heinz [redacted] ~~Fritz~~ [redacted] ~~pickt~~
in Pilsen kniet... ~~pickt~~!!!

29. Sept

Alle hatten nur ein Ziel:
den Strand. — [redacted]

30. Sept.

aus der Schöpfungsgeschichte:

15. Oktober

Guten Tag! Ich hätte gerne ein wenig Spaß am Leben.
Sehr gerne. Wieviel genau bitte?
Kokosnuß, Kokosnuß, will dich nicht erschlagen, fänd es um dich schade, jammer-jammer schade, esse lieber, esse lieber …
… Schokolade!

15. Okt 81
Guten Tag! Ich hätte gerne ein wenig Freude und Spaß am Leben!
Wieviel genau, bitte?
Kokosnuß, Kokosnuß, will dich nicht erschlagen! Fänd' es um dich schade, jammer, jammer-schade. Esse lieber, esse lieber ein Stück Schokolade...

8.8.81

Warum komm ich mir bloß immer „so alt vor, wenn ich hinter dir hergeh'", fragte die 1 eines Abends die 8.
„Mir geht es genauso, liebe 1," antwortete darauf die 8. „Vielleicht solltest du einfach mal vorangehen?"

„Mensch, das ist toll!" rief da die 1, „ich fühle mich ganz jung!" „*Mir geht es genauso, liebe 1! Ab jetzt gehen wir nur noch so durchs Leben!

* und die 8 antwortete!:

„An was denkst du eigentlich, wenn du deinen Schatten siehst", fragte die 8 eines Abends die 1.

„An meine strenge Kindheit," antwortete die 1, „und daß auch ich meine Kinder zur Spitze peitschen werde." — „Und du? Woran denkst du?"

„Ich denke, daß ich erst nach meinem Tode „unendlich viel" bedeute."

Er hatte Recht
und sie hatte Geld.
388

29. Juli

Heute morgen haben wir den Bauern und seinen Sohn getroffen und uns ein bißchen über alles mögliche unterhalten.

Der Räuber und die Liebesperle.
28. Sept. 87

mitten im Wald
lag eine große rote
Liebesperle.

Friedhelm,
der vernaschte Räuber,
traute seinen Augen
nicht und die Liebesperle
lag nicht im Wald.

Hätte der Räuber geglaubt, was er
sah, hätte er sich vielleicht ein
Bein ausgefreut.

Es war einmal ein Ober,
der ging immer
den unteren weg.
Außer bei der Oberin.

„Weißt du, was ich denke, mein Vögelchen? Ich denke, daß ich ein Schwein bin."

„Vorsicht! –
Das ist das Salzfaß von Schulz!"
„Wieso Vorsicht?" „Unheimlich
[redacted] verletzlich!"
„[redacted] „Oh…!"
[redacted]"
„[redacted]

(Auf diesem Bild denkt keiner. –
wieviel schöner ist es?)

(das Verborgene
verbirgt sich
im ~~[illegible]~~)

~~mit Hermann Löns eingeschlafenes Hausschwein~~

Wohl zum vierten mal war
das neue Hausschwein vom
Ollen Hansen auf Seite 7
an genau derselben Stelle
eingeschlafen.
~~Der olle Hansen~~
der Olle Hansen, der das stets
mitangesehen hatte, sah nun
in Gedanken ~~[illegible]~~ ~~[illegible]~~ Tausende
und aber Tausende ~~dieses Buches~~ ~~von~~ dieser Lektüre
als Schlafmittel über die
Ladentheken gehen.
Endlich.
Endlich wieder ein Bestseller!

Das Geheimnis

„Wenn ich einmal
groß bin [redacted]!"
[redacted] Und ich [redacted]
„[redacted]!"
„[redacted] Ehrenwort?"
„[redacted] Ehrenwort!"

([redacted]* [redacted]!)

* [redacted]

Öl

hier hat der Künstler eine ihn stark belastende Seite rausgerissen!

soweit war F.K. auch schon

aber das ist neu!

Der Kuß

12. Okt
Tschüs, Schatz ...
... und halt die Stellung!
494

12. Okt
Krieg ich einen Kuß, Käthe?
Ja, natürlich.
455

12./13. August

Du sollst keinen Freund langweilen!.
Du sollst keine Frau unbeherrschen!
Du sollst kein Zebra streifen!
Du sollst keinen Weisen anschwärzen!

—

Er war der Hauptmann
und sie war die Hauptfrau.

— 14. August

der erste Schluck Bier,
der erste Zug an der Zigarre,
der erste Blick aufs Wasser, {können [redacted]
wenn die Augen [redacted] über die Dünen [redacted],
der erste Strich [redacted] übers Papier,
der erste [redacted] Schritt durch [redacted] den Schnee,
die erste Sekunde ~~eines~~ [redacted] eines
Wiedersehens —

[redacted]

— Anfänge, [redacted]

[redacted]

18. Okt
Ou…
Da?

am 28. August 81

Liebe Claudia,
Gestern erreichte mich Dein Brief, in dem Du mir schreibst, ich solle mir noch kein festes Bild von Dir machen – nach dem, was ich von Dir erst kennen würde.

Liebe Claudia, ich hoffe, Du bist mir nicht böse, aber ich hatte mir vorgestern – da wußte ich ja noch nichts von Deinem Brief und Deiner Bitte – schon ein festes Bild von Dir gemacht (nach dem, was ich von Dir erst kennet.
Was meinst Du: soll ich es wieder wegtun oder kommst Du es Dir erst einmal angucken?

Liebe Grüße
und einen Kuß, Hans*

* jetzt verschreib ich mich schon bei meinem eigenen Namen!
PS: Bitte komm! Ich finde das Bild gut!

für Theodorus

24. Juli

eine Ehe

offene Ehe

hoffende Ehe

Ende Ehe.

vom Aufbäumen

Scenen
einer Ehe
[redacted]

~~26~~ 27. Juli

Bitte, fürchtbarer loser Vampir,
beiß in diese Vampe hier.

„Herzlich will kommen!"
„Herzlich? wer ist Herzlich?!?"

~~[illegible]~~
Jochen, du Knochen!
~~[illegible]~~
~~[illegible]~~

Astrid + Schulte. GmbH & Söhne!

27. Juli

29. Juli

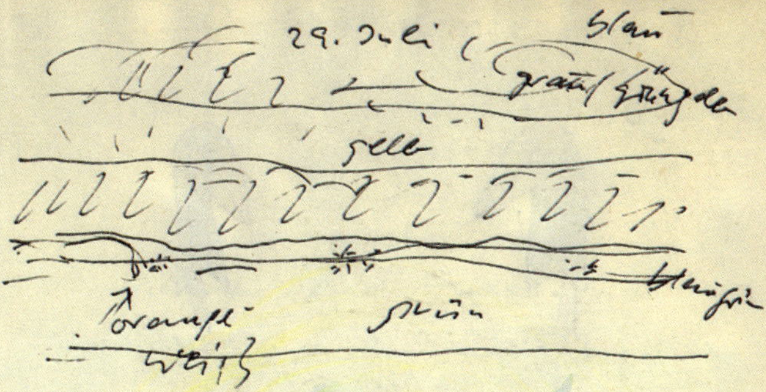

→ Füchse nochmal → Stör?
→ ~~[illegible]~~ → ~~[illegible]~~
→ [illegible] nochmal.
→ ~~[illegible]~~

Hast du Elena gesehen?

Montag, 13. Juli

bei den Störchen ist gut sein,

9. Okt.

Befreit lüpft das Kind
den Hintern,
stolz zeigt es in den Topf.
Befreit liest der Dichter
sein Verschen,
stolz wischt er sich den Kopf.

Beide stehen wie entrückt:
Jeder hat was ausgedrückt!

13. Juli

Wie sind Storch und Storch wohl auf dem Fahrrad?

~~typisch.~~

Wie ~~typisch~~ Storch + Storch.

14. Juli

bunte Schuh
bunte Kuh-
maler,
mach den Kasten zu!

15. Juli

Wir haben von Eurer
Trennung gehört.

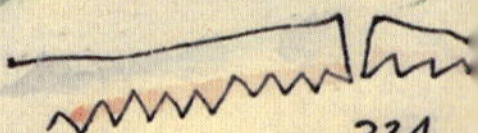

15. Juli
zu was!
du kotzt mich an!
laß mich!
ich brauche dich
ich dich auch

~~Mein lieber Freund ...~~
Die Freundschaft mit Georg hielt,
bis sich Georg Zigaretten
holte...

Was nützte es dem Kopf,
wenn er die ganze Welt besänge
und nähme doch Schaden
an seiner Kehle?

ein Blinder und ein Lama,
die wollten mal nach
Alabama ...

... der Blinde konnte nicht sehen,
~~der Lahme~~ das Lama wollte nicht gehen,
da blieben die beiden bei L + B stehen.

Objekt Storch, vielleicht
mit Jacke?

für R.R.'s Eßzimmer, über die Palme

28.8.81

das fand sie unheimlich rücksichtslos, daß es so rücksichtsvoll war.

4. Juli 81

„Sag mal war das da eben nicht deine Frau?“ „Eine Frau, mein lieber, das war eine Frau.“

5. Juli 81

22. mai 81

„Es passiert so wenig | Neues hier
am Nil"; |
seufzte eines Frühstücks | leis'
das Krokodil.

Ferien
mit Paula

ich werde
immer mondsüchtiger.

3. Juli '81

ab und

☾| = [redacted]

☽ = zu [redacted]

nehmend

12. Juni

23. September
wieder zu Hause
fand ich
nicht die richtigen
Worte …
Ach, weißt du …
Du weißt nichts!
Versteh mich doch!
Ich mußte mal raus!
das kannst
du mir verstehen!
Es war schön.
Ich bin da
reingeschliddert.
Es war
schlimm.
Sie war ganz
blöd.
Ich habe
sie geliebt.
Es tut mir leid.
Es kommt
nicht wieder vor.
Ich bereue nichts
Ich bin so.
Wofür hälst du mich?
Ich würde
es immer wieder
tun.
Ich war
voll.
Ich war
leer.

23.
In der Nacht vom 4. auf den
5. Juli hatte ich eine Flasche
Whisky getrunken.
Am 23. September holte mich
eine Tasse Kaffee ein und
behauptete, ich hätte sie
in eben dieser Nacht verschüttet.
3

29. Okt
ich hasse dich
ich dich auch
wir sind wahnsinnig.
538

29.8.'81

das dritte Glas
verhöhnte uns wieder.

Stell dir
eine
bunte Wiese
vor!
Such mal! Hör mal! Riech mal!
Bleib ein bißchen!

3. Nov 81

vielleicht gibt es nur
eine Kunst.

26.8.07
Fisch
eine eigene Meinung
ist ein Schiff.
eigenes
443

26. Juli

2. Juni 81

~~Hansen~~ HANSEN –

Rauch [illegible] im Auge
des Hurrikans

Hansen – Haus im Auge des Hurrikans

Ich bin voller
Auswege – bin ich?

1 Wenn ich ein gutes Bild gemalt
habe, male ich ein schlechtes
~~Stück~~ hinterher. ~~und~~ Wenn
ich ~~zwei bis drei gute Sätze~~ einen guten Satz
gefunden habe, rufe ich
einen Freunde an und
frage, ~~was los ist~~ ob er schon was [illegible] gelesen hat.

~~[illegible]~~

22. Juli
Spatzen überm Watt?
354

Liebe ist Energie
22. Mai
355

27.10.87
514
Leben scheint nicht denkbar
zu sein

27.10.81

Ist Liebe unsere Chance
gegen den Wahnsinn
oder haben wir keine Chance,
wahnsinnig zu werden,
weil wir lieben könnten?

9. November
570

571

vive la vieh!

25. Juli 81

was ich weiß,
macht mir Eis.
377
25. Juli 81

17. Juli

~~[illegible]~~

~~[illegible]~~

~~[illegible]~~

Immer ist alles am Horizont.

~~[illegible]~~

~~[illegible]~~

13. Nov
Lichte im Gras
575

Frauenaugen
und
Schmetterlinge
I

wie du
gerade aussiehst
~~ausgesehen~~
~~hast~~,
das behalte
ich
für mich!
31. Juli
401
Der Rotwein war nix

23. Aug
Kuba libre
434
vorausdenkende Störchin, durch eine Zigarette mit Gegenwart verbunden

29. Juli
starb güter Dinge in San Sebastian

6. Okt 87
natürlich sind wir
zurecht gekommen.
Aber du hast uns doch
sehr gefehlt.
484

Da erkannte das Huhn,
ein Tisch ist ein Tisch,
ein Spiel [redacted] ein Spiel,
eine Straße [redacted] zum Fahren
ein Film [redacted] ein Film [redacted]
ein Buch ein Buch und zum lesen
und sonst nichts.
Und das Leben
[redacted] alles zusammen
und damit basta.

Bis morgen also.

~~[illegible]~~ 26. Juli ~~[illegible]~~

„man sieht nur, was man weiß,
man fühlt nur, was man ~~nicht weiß~~ wissen möchte."

Glück ist vielleicht ein Irrlicht

Wäre leben schön,
wären alle tot. –

Glück
ist
~~nirgendwo~~
alles berühren
~~anstoßen~~
und
nirgendwo anstoßen.

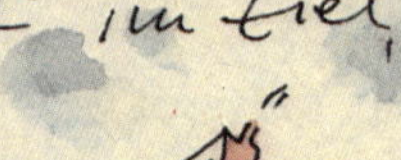

Happiness
~~Glücklichkeit~~
ist im Ziel liegen.

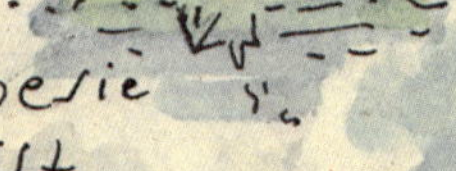

Poesie
ist
das Andere.

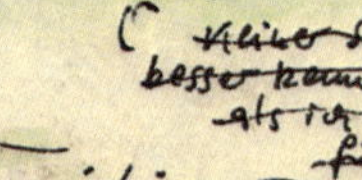

(~~[illegible]~~)

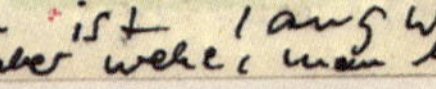

 Humor ist langweilig,
... aber wehe, man hat ihn nicht!)

Der Wetterbericht

27. mai 81

am Messer im Kopf

Es waren [redacted] mal zwei [redacted] Raben,
die versuchten, so gut es geht, sich gern
zu haben...

Das junge Mädchen schlug die Augen nieder.
Was wohl in [redacted] ihr vorging?

Es war einmal eine Liebe,
[redacted]
die kam beim
gehen [redacted]
und ging, wie sie
gekommen war.

Himmel, Arsch und nochmal Arsch —
was ist denn bloß los heute!?!
das ist doch kein trauriger Storch!

28. Juli
Scheißleben!
wieso Scheißleben?
Darum!
für Ferdinand

Die Rabeneltern

Montag,
27. April

die böse Blume

Das schreckliche
Ende
der bösen Blume

Böse Geschichten aus Hansens Haus

mein Name ist Hansen.
Ich habe Streit mit dem Kuckuck.

Äi, Sie da!

~~Die Wanne ist voll ...~~

23. Juli

Seid sanftmütig wie die Tauben
und klug wie die Stummen!

„Guck nicht so glücklich,
sonst hör ich auf!"

„Wie findest du eigentlich die
"Schwerkraft?"
„Die Schwerkraft? – Blöd."
„Und den freien Fall?"
„Den freien Fall? – Spitze!"

Eine Wolke besucht sich
im Wasserspiegel

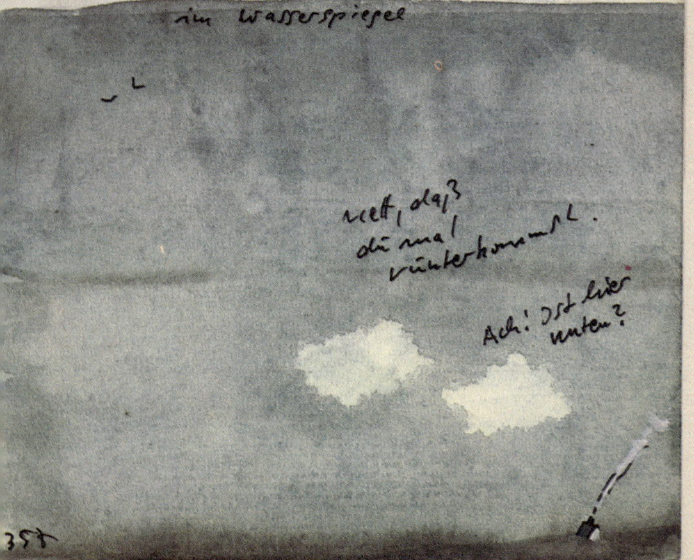

Öl

15. Juli

Aufs Leben gesehen schien die Verbindung für jeden einzelnen recht vorteilhaft gewesen zu sein.

Unbedingt wollte ich diesen blöden Bückling zeichnen — und jetzt weiß ich nicht, was er mir bedeutet.

Ich habe ihn hän lassen — nichts.
Ich habe ihn eingeschwei nichts. — Jetzt lasse ich ihn verrecken!

überall suchte der Fischkopf [redacted]

Seinen Herrn...

[redacted]

... endlich.... fand er ihn

Und ...

So ist brav!

1/2. Juni

Wir waren erstaunt,
was alles schon verkauft war.
Zum Glück hatte sich an mein
Lieblingsbild, Paulas umwerfenden
Anker, ~~wohl~~ noch keiner so recht
herangetraut ..

... hier,
dieses:

~~Der Hochstapler und der Künstler~~

~~Die Spinne und der Spinner~~

Der Künstler und der Hochstapler

Der Spinner und die Spinne

das bedeutet ~~ich sage einen~~ ~~Familienkrieg~~

Bürgerkrieg!

~~[illegible] Der Bürger diktiert auf~~!

Der Bürger und der Künstler

der Schwächling und der Feigling

25,3.

zweiter Schmiermonat

Male, Maus, male!
Und guck nicht in der Gegend rum!

Guten Morgen, o eler Hausen!..

„Man muß doch nicht immer den Consense suchen!"

C Σ [redacted]

... hörte man leise den Nonsense fluchen...

[redacted]

Geh den schönen Dingen nach

Was ist das?

ein Ei.

Und: Was ist das?

ein Staffelei.

Und: Was ist das?

das ist eine Staffelei

Und: Was ist das?

das ist eine Eierstaffel

Das Perlhuhn

ein Geiseldrama
aus Hansens Haus
in einem Bild

Hier ist das Perlhuhn,
wo ist das Legemere?

6. Okt. 81

Pauls Meldungen vom Tage

Im Duisburger Zoo ~~würde~~ kam gestern ein gesundes 7pfündiges Wärtermännchen zur Welt.

In Flagranti ist der Teufel los.

In Tim haben alle Beteiligten Sprech-Verbot. Ihr Sprecher [redacted] äußerte hierzu nichts.

In Düstrie wird seit heute morgen wieder gearbeitet.

In Tolerant wird auch diese Schreibweise nun nicht mehr geduldet.

In Kiel wurden heute mittag drei grüne Heringe in die Pfanne gehauen. (wegen Mattjesbeleidigung)

In Mülheim a.d. Ruhr wurde gestern zwei Fliegenklatschen die Lizenz auf Lebenszeit entzogen. – Sie hatten eine Fliege auf untierische Weise zwischen sich eingeklemmt und verhungern lassen…

dies ist ein Bild aus Hansens Haus von

~~der~~ einem Roller, der ein
Stück vom Horizont
~~[illegible]~~ klaute und
es Canada nannte.

So, wie es den Dieb
immer wieder an den Ort
der Tat zurückführte, kam
auch der olle Hansen täglich zum
Strand und betrachtete das Loch
im Horizont

[redacted]

„mein Name ist Zont,"
"sagte der Roller,
„Horri Zont von der
Firma Ment.
[redacted]
(wir handeln mit
Fernweh und Sehnsucht)
[redacted] Kann ich Ihnen
[redacted] vielleicht was verkaufen?"

Die Horizontdiebe!
„Jetzt kann man
Canada viel besser
sehen!"

„Ja," sagte
[redacted]
der olle Hansen, „Ja,
Herr
Zont," [redacted]
[redacted]
„ich nehme
ein Stück
Kanada, ein
Stück Afrika
und ein [redacted] Äquator.

nieder

„Bedenke, der Mensch lebt nicht von Brot allein!"

„Du hast recht. Manchmal muß er auch was trinken."

17. Juli

Rosebuds

~~warum~~ was ist
Besonderes an
der Rose!

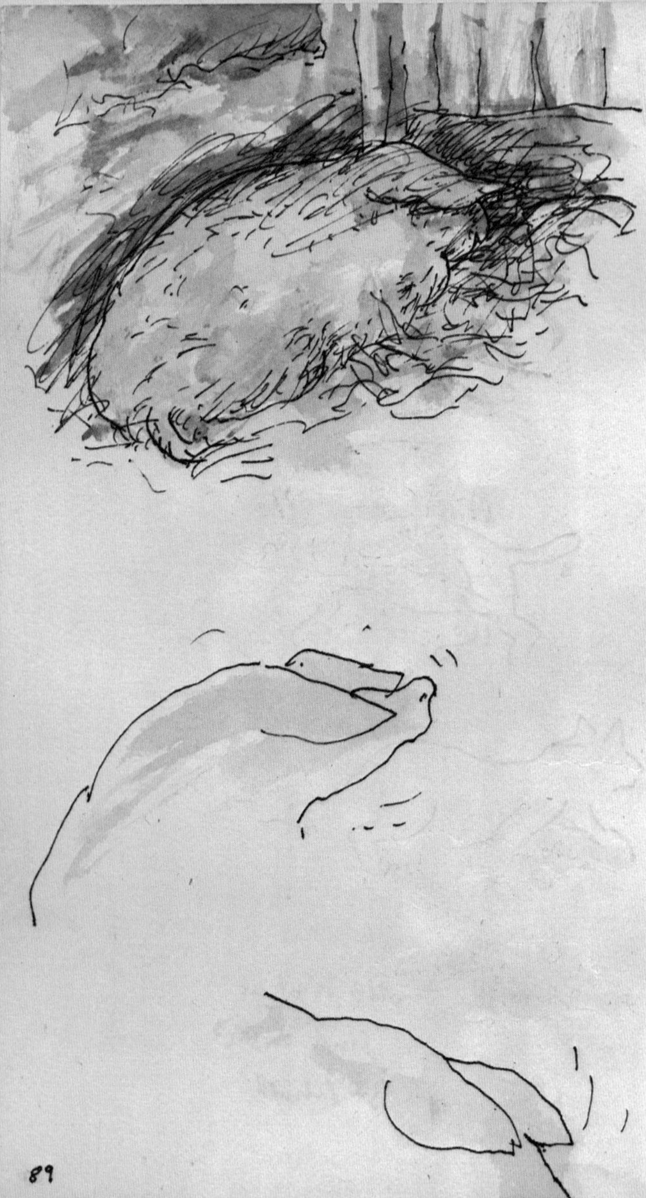

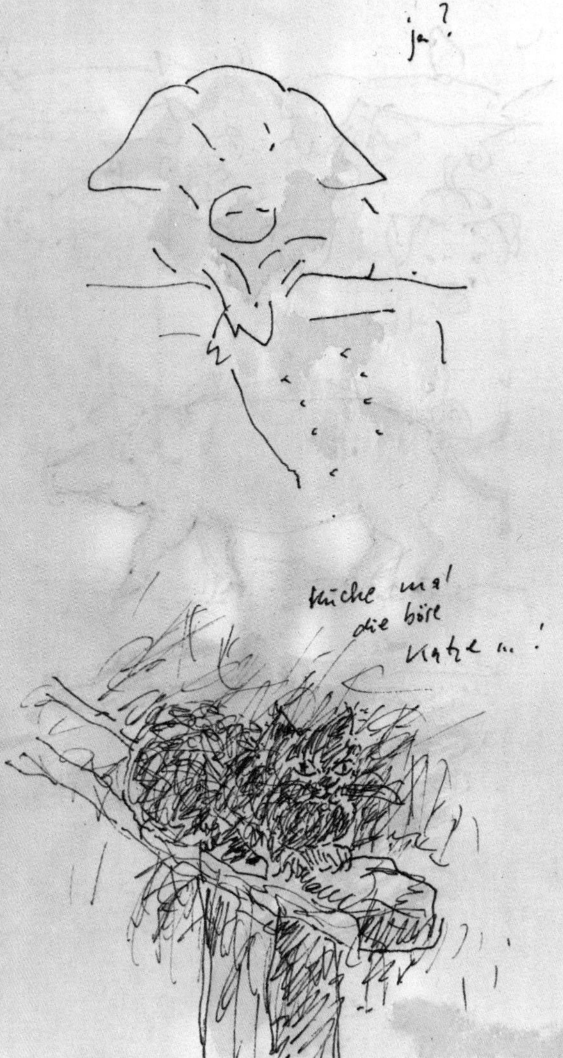
ja?
Kucke mal
die böse
Katze ..!

Frühling

Also stimmt,
was ich seit
Tagen fühle!

12-3-81

Himmelfahrt, 28. Mai

 „Ich finde dich nett. Darf ich dich siezen?"

27. mai '81

28. August 81

und vom Mohn spricht keiner.

„Ist deine auch nicht
gekommen?"
„Nee. Eure auch nicht?"

25.Okt

Salz: „Mach's kurz, Junge!
Was hast du drauf?"
Brötchen: „Schmalz."
Pfeffer: „Also los."
Brötchen: „Muß hinaus als Lebensmittel,
durch viel Hals und Mieder.
Komm zu Euch nach vielen Jahren
als ein Trostbrot wieder."
Salz: „Schluchz!"
Pfeffer: „Schluchz!"
Brötchen ab. – Vorhang.

Gibst du 8 auf mich?
Ja. Aber mehr nicht!

24.8.
Fische, die sich nicht sehr anstrengen
Montag
Dienstag
Mittwoch bis Donnerstag
Blubb!
Freitag bis Sonntag
440

2. Nov 01
Bravo!
BRAVO!
Bravo!
Kratz!
Wenn es um die Wurst geht, geben viele alles...
557

~~die beiden Vögel~~ (" " ") | ~~lieben und freisein~~

Storch Georch
(ohne ~~Hi~~ Sonne ist der Himmel Luft)
| ~~wissen ist macht~~ ohne Sonne ist der H. Luft

Kater. willi. (~~Kapt~~ ~~mete~~freter)
| überleben ist der Sinn

die Maus
| gestern ist überall

die Ente
| ich will mehr als ich kann

der Fisch
| jeder Tag ist neu und keiner ist der letzte

die grünen Raben ×
| die lieben Schweine
die Lust der Gedanken ratlosen

die Schweine (schwer weck zum Speck!)
| die ~~Lasen~~ Raben lustlose
die ~~Lust~~ der Taten ~~xxx~~

(erleben ist für immer)

Die Sonne in der Wiese	Hans Konrad? 	Bist du für alles – ist alles für dich
Der Mond „Ich kann nichts sehen!"		Die lange Weile ~~[illegible]~~
Der Kirschbaum		~~[illegible]~~ ich liebe was ich nicht bin
~~Die Hühner~~ Die Wiese		Alles ist, wie man es sieht
Die Pusteblume	~~Hans Konrad~~? 	~~Alles ist schön~~ was ist ~~[illegible]~~ die Zeit?
Die Hühner		die andern machen alles falsch.
Der Hahn		ich mach alles richtig (~~alles ist~~ alles ist leicht, wenn man stark ist)

18. August

Soeben ist Ruhe eingekehrt.
„Guten Tag, Ruhe!
Schön, daß du da bist!
Setz dich! —
Wir haben uns ja eine
Ewigkeit nicht mehr
gesehen!
Wo warst du denn solange?
Brauchtest mal Ruhe, was?!!
Hahaha!
Hahaha hahahaha! —
Hey!
Wo gehst du denn hin?!?
Ruhe!
Ru—he!!!
Komm sofort zurück!!!!"

28. Okt
ich hasse mich!
31

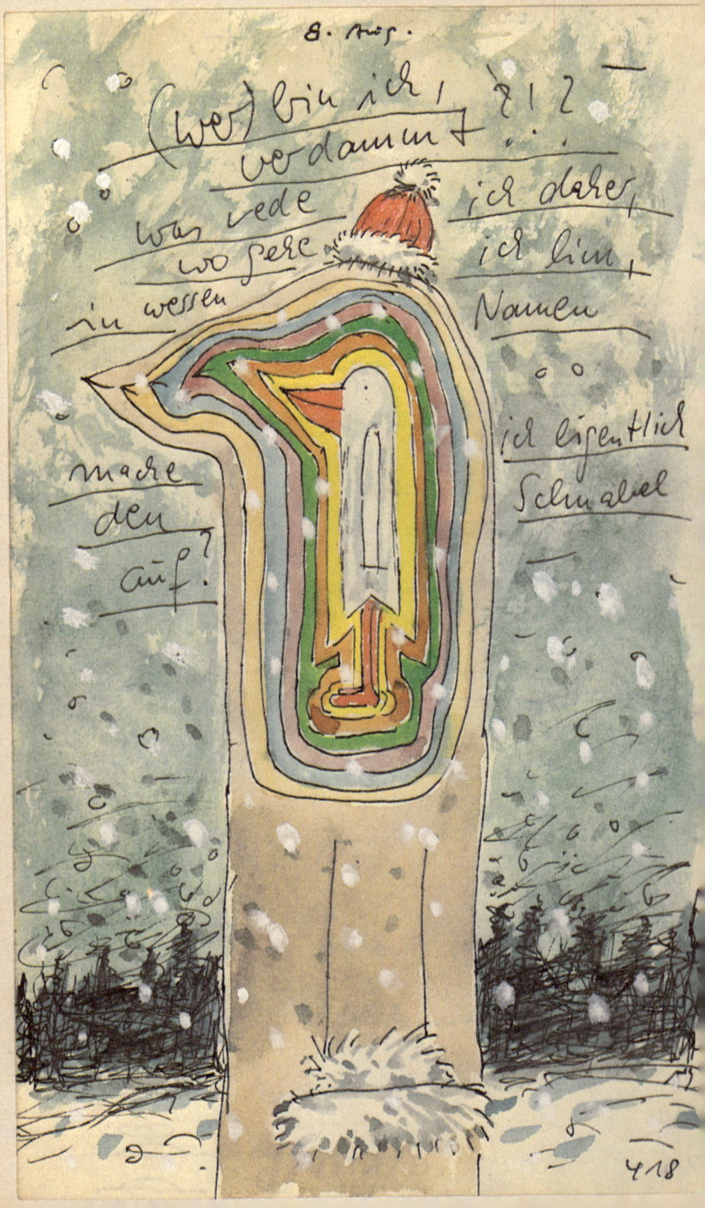
8. Aug.
(wer) bin ich, ?!?
verdammt
was rede
ich daher,
wo gehe
ich hin,
in wessen
Namen
mache
ich eigentlich
den
Schnabel
auf?
418

"Abstand."

Je dicker die Masse, desto [redacted] größer das Gewicht [redacted] [redacted]!

Je kleiner die Fläche, desto [redacted] größer der Druck. [redacted]

Je stärker die Reibung, desto größer die Hitze. [redacted]

Alles nicht[redacted] wahr ohne [redacted] Kraft.

(woher nehmen? wie? [redacted] – AUSDENKEN! Anstrengen!)

Interessant ist nicht nur, was nicht interessiert.

—

16. August

4[illegible]. okt.

das ist unser Schicksal,
daß wir immer eine andere
Bestimmung haben.

Georg, der Weitsichtige
Könnte ich ...
doch bloß
meine Grenzen
erkennen!
am 4. Okt 81
481

9. Okt

ich kann auch anders!

aber ich will nicht.

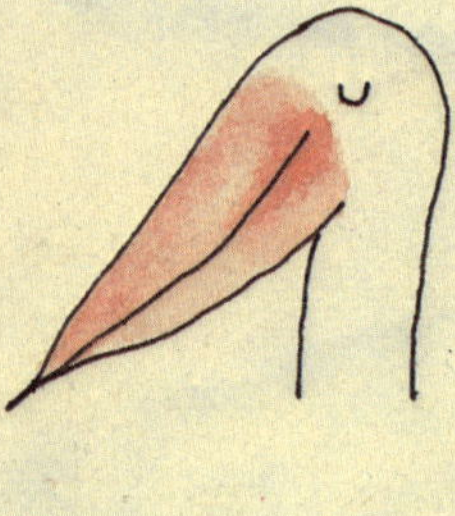

9. Okt

ich würde gerne anders!

aber ich darf nicht.

6. Okt. 81

Friede

ist nicht das Wesen ~~der~~ von
Natur — so dachte ich
einmal wieder, als mich
die Sorge vor Krieg nicht
ruhig sein ließ.
Im selben Augenblick bot
sich mir auf der Wiese
hinter meinem Haus ein
~~ganz~~ eigentümliches
Schauspiel.
Ein Apfel ging auf einen
Wurm los und kroch
hindurch, ohne ihn

zu verletzen.
Ein Sonderfall?
Oder hatten wir vielleicht
doch noch nicht alles
versucht?

Weiß einer, wie
spät es ist?
474

26. Okt 81
475

10. 8.

Dein Streich komme!

11. 8.
Ein schöner Tag heute,
die Sonne scheint.

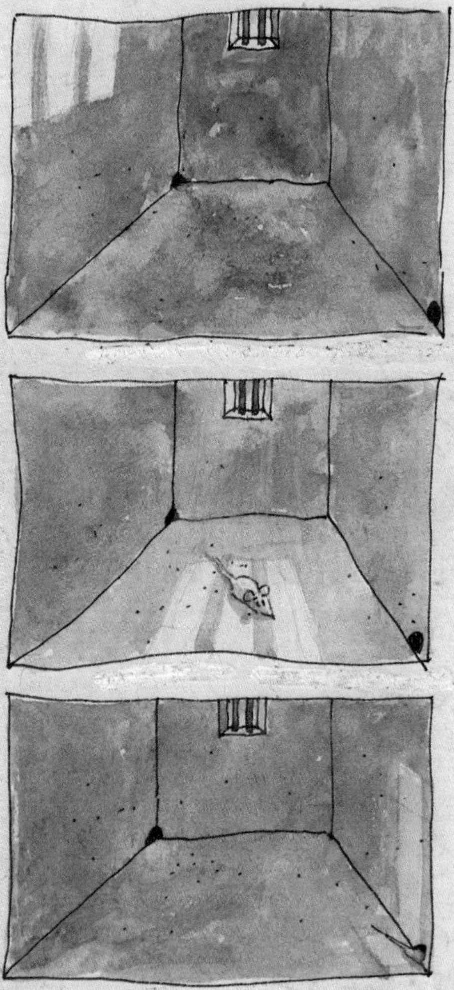

6. Okt. 81

Lieber Gott,
ich möchte
glauben.
Bitte um
schicke
(weiße)
Tauben!

Deine Klau
~~Beate~~

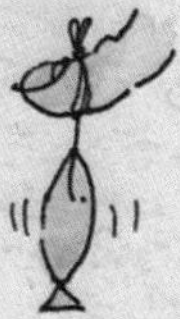

In der Natur
lebte eine Taube,
die konnte natürlich
nichts hören.

free eden

536

29. Okt 81
540

18. nov

V a ū s !

31. Juli
342

31. Juli
Warum lassen Sie mich immer wieder die Sinnfrage stellen, Herr Gott?

Mensch (Gespenst) Meier! Hätt' ich das gewußt! – mir hat man gesagt, das letzte Hemd hätte keine Taschen!
Gruß!
423
12. 8.

576